Leos neue Brille

Eine Geschichte von
Ruth M. L. Advena

Leos neue Brille

Ruth M. L. Advena

ISBN-13: 978-3-942873-25-3

Copyright © 2014 by DOZ-Verlag
Optische Fachveröffentlichung GmbH, Heidelberg

Satz: Tanya Klein, 69124 Heidelberg
Druck: druckpress GmbH, 69181 Leimen

Das sind Paul und Leo.
Sie sind beste Freunde und gehen zusammen in
den Kindergarten. Heute bekommt Paul Besuch
von Leo. Sie wollen zusammen spielen.

Leo hat eine neue Brille.
Darauf ist er sehr stolz.
„Und das beste ist," sagt Leo,
„ich durfte sie mir ganz allein
aussuchen!"
Am liebsten hätte Paul auch
eine Brille.

„Kann ich deine Brille auch mal
haben", fragt Paul,
„ich will nur mal sehen,
wie Du damit guckst."
„Nein", sagt Leo, „das geht nicht.
Meine Mama hat gesagt das
ist kein Spielzeug und ich darf
sie nicht verleihen.
Nachher geht sie noch kaputt."
„Aber ich habe dir mein
Feuerwehrauto auch ausgeliehen,
sogar über Nacht", sagt Paul,
„und eigentlich wollte meine
Mama das auch nicht haben,
weil es ganz neu war.
Tja, dann kann ich dir wohl auch
nichts mehr ausleihen…!"

Da muss Leo nicht mehr lange überlegen.
„Na gut," sagt er, „aber nur einmal und nur ganz kurz.
Und pass bloss auf damit!"
Mit einem mulmigen Gefühl im Bauch gibt er Paul
seine schöne neue Brille.

„Huch", denkt Paul, „alles ist plötzlich so verschwommen hier."

„Lustig", sagt Paul und stapft durch's
Zimmer. Schrank, Bett, die Spielsachen,
auf dem Boden, alles verschwimmt vor
seinen Augen und er kann gar nicht mehr
richtig sehen.
„Uh, das ist ja richtig nebelig hier", denkt
er und schaut nach oben, nach hinten,
nach rechts und nach links.

Aber nach unten sieht er nicht und dahin,
wo er hintritt. Das hätte er mal besser
getan! So kann er natürlich auch die
Eisenbahn, die mitten durch sein Zimmer
fährt, nicht sehen. Schon gar nicht jetzt,
mit Leos Brille auf der Nase.
Und dann passierts.

Paul stolpert über den Zug und
fliegt im hohen Bogen durch das
Kinderzimmer!
Die Eisenbahn fliegt mit...
und die Brille.

Mit einem lauten Rums landet
er auf dem Fussboden.
„Mensch, Paul, spinnst du?
Du sitzt auf meiner Brille, du Blödmann!
Ich hab dir doch gesagt, du sollst
aufpassen und jetzt ist sie hin.
Was soll ich denn jetzt meiner Mama sagen?"
Leo ist stinksauer.
Und Paul sitzt auf dem Boden,
und tatsächlich mitten auf der Brille!
Ja, und die Brille, Leos schöne,
neue Brille? Die ist jetzt kaputt.

Da kommt Pauls Mama von der Arbeit nach Hause.
„Was ist denn hier los?", fragt sie. Paul sagt lieber
nichts, dafür erzählt Leo was passiert ist.
„Ich wollte die Brille ja gar nicht ausleihen, aber
Paul hat so darum gebettelt. Ich habe sie ihm
ja auch nur einmal ganz kurz gegeben und da,
schwupp, ist er über die Eisenbahn gestolpert.
Weil er nicht hingeguckt hat, und jetzt ist meine
neue Brille kaputt," heult Leo, „was soll ich denn
jetzt meiner Mama sagen?"

„Zeig mal deine Brille her, Leo,"
sagt Pauls Mama.
„Oha, die sieht aber gar nicht gut aus.
Damit müssen wir zum Optiker.
Vielleicht kann der sie reparieren.
Zieht eure Jacken an, wir gehen gleich hin."

„Wie habt ihr denn das hingekriegt," fragt der Optiker. „Da muss ich mir jetzt aber sehr viel Mühe geben, um deine schöne Brille zu reparieren." Er nimmt die Brille und geht damit in seine Werkstatt.
Jetzt müssen Paul und Leo ziemlich lange warten.

Als der Optiker endlich wieder aus
seiner Werkstatt kommt, hält er Leo
die reparierte Brille hin.
„Wie neu. Nun musst du aber gut auf
sie aufpassen. Du brauchst sie ja, damit
du alles gut sehen kannst. So eine Brille
ist kein Spielzeug."
Und zu Paul sagt er: „Sieh mal, diese
Brille brauche ich nicht mehr, die hat
keine Gläser, die kannst du haben.
Dann habt ihr beide eine schöne Brille."

Paul und Leo sind wieder
beste Freunde.

Jetzt haben beide eine Brille
und es gibt fast keinen Grund
mehr zu streiten.